文史哲詩叢之二十七

風雨街燈

童佑華著

文史哲出版社印行

國家圖書館出版品預行編目資料

風雨街燈 / 童佑華著. -- 初版. -- 臺北市 ：
文史哲, 民 86
面： 公分. -- (文史哲詩叢 ; 27)
ISBN 957-549-114-9(平裝)

851.486　　86016036

文史哲詩叢 ㉗

風雨街燈

編著者：童佑華
出版者：文史哲出版社
登記證字號：行政院新聞局版臺業字五三三七號
發行人：彭正雄
發行所：文史哲出版社
印刷者：文史哲出版社
臺北市羅斯福路一段七十二巷四號
郵政劃撥帳號：一六一八〇一七五
電話 886-2-23511028 · 傳眞 886-2-23965656

實價新臺幣二二〇元

中華民國八十六年十二月初版

ISBN 957-549-114-9

遊於詩書間的童佑華

在《秋水》同仁中，原有三位遠在台灣南端的台南縣、市。他們是薛林、童佑華、陳欣心。可惜薛林在年前因家庭等因素退出了《秋水》。台南「三劍客」（涂靜怡語）只剩下佑華和欣心二位「金童、美女」（陳欣心本名陳毓美）。因爲南、北遙隔，彼此見面的機會不及台北同仁之頻繁，但是《秋水》同仁之間相處情同手足，中、南部同仁雖無法常常相聚，但藉彼此書信往返，作品互賞之間依然保持著一定的情感，並不因彼此有所「距離」而疏遠，我對佑華的認識了解也是如此。

童佑華一九三二年出生，安徽巢縣人，現任職於一政府機關，是一位朝九晚五的公務員，公餘之暇全心投入寫詩、寫字兩項修身怡情的心靈世界裡，如其人之彬彬有禮溫文儒雅般，過著令人羨慕的藝文生活。他曾說「四十歲以後，我就選擇了詩與書法，以作爲公務之暇生命的全部。未來的歲月亦將永矢不渝。」這是何等瀟灑脫俗。

童佑華的詩齡甚高，早在民國四十七年（一九五八年）服務於軍中時，即開始讀詩、寫詩。那時他以響亮的「童非」筆名，在早年最爲年輕人所喜愛的文藝刊物如《現代詩》、《野風》、《文壇》、《文藝列車》、《海風》、《自由青年》上發表詩作，頗受讀者喜愛，也受到詩壇前輩如紀弦先生等的鼓勵。此時的童佑華對詩熱愛的程度幾乎已決定終生奉獻給繆斯，雖居住在生活環境閉塞，與外界接觸極其有限的嘉義鄉間，但並未因此而影響其讀詩、寫詩的熱誠，而且時有佳作問世，而作品也相當成熟，如一九五八年左右的作品《生之謳歌》：

肩著一個不死的信念
踢破封凍的冰河
黑夜被你走出了曙光

把已往命途的坎坷
拋向遠天的朝霞
遍身血的創口啊
爲金色的黎明
綻出一朵朵艷麗的杜鵑花

可惜正當一支燦爛的詩筆逐步走向詩的巔峰時，童佑華在生活起了急劇的變化後，被迫「封筆」向心愛的繆斯道別。這一封就封了漫長的十八年，直到民國七十年，偶而在書店中看到《秋水詩刊》，爲其唯美清新的風格所吸引，從此與《秋水》結下不解之緣，也促使他再度提起塵封將近二十年的詩筆，以童佑華本名重返詩壇，成爲一個歸隊的「新兵」。從此新作源源湧現，並成了《秋水》同仁，再回繆斯懷抱。最近復將創作幾十年的新、舊作品精選編輯成《風雨街燈》，即將付梓出版其第一本詩集，交出第一張成績單，讓我們一起來爲他的新著即將問世而慶賀。

復出後的童佑華，創作步履更爲穩健，其平實而不失其美的風格，深幻而不失其眞的內涵，誠如其詩觀中所說：「對於一切美好的事物以及詩，若是無法用文字或其他工具表達出來的話，就讓其完整的活在心中好了，以免扼殺且褻瀆了它眞實的生命。」所以他的詩都是有其原則，而充滿著對事物的主觀理念所衍生的豐富意象，就如他在《雨水．陽光——寫給G．Y》詩中所寫：「胼手胝足　不停止的耕耘／寫作就是要像一個勤墾的園丁／若是不以全心靈灌溉／那會有繁華競放　芬芳滿溢／生命的果實纍纍」。

除了愛詩童佑華亦深愛書法，因爲他認爲一切藝術其內在的精髓昇華至極致的時候，它們的隱性脈絡原理是互通的，所以他選擇我國特有的書法藝術，作爲詩以外另一種屬靈的生命。在長期的臨帖、讀帖、揣摩、苦練下，已成爲南台灣知名的書法家，尤其草書的造詣更深。在程其銓著的《中國字體源流》中說：「草書是足以表現一個人的性靈、氣度、學養與創意。」這也就是他勤練草書的主因，因爲作爲一個詩人，性靈、氣度、學養和創意是缺一不可的。

童佑華寫詩的態度一向主張樹立自己的詩格，他曾說：「肯定自我走出自我最爲重要，別人的繡花鞋不一定適合自己的詩格，不要盲目的跟著別人的調子起舞，這是一個有志創作詩的人，所必須抱持的態度。」對於書法他也是如此，早年他傾心於于右任飄逸俊秀的標準草書，一度潛心投入于體，並大量蒐集于右老的書法和相關資料，然後他發覺跟著大家一窩蜂地學習于體，就像寫詩模仿別人一樣，日久會失去自己，於是他決定另覓途徑，創造一個屬於自己的風格；當他發現天津王世鏜的漢晉簡策筆意，於是就取二家之長，創出另一種剛柔並蓄的草書，這是除詩之外，他的另一項成就。他曾爲練習書法寫過一首二十行的《練習書法心得》，特摘錄該詩部份詩句，可體會他對寫字的那份心情：

當存赤子之心
晨昏須不斷的揮灑
氣蘊丹田　意達毫端
衝破重重柳暗
莫教骷髏老是牽著鼻子走
踢開二王　張芝　索靖　陳希夷
出其姿　出其勢　出其骨
從有法之極歸於無法

果眞能從無法之中醞出法來
方是傲然於宇宙間屬於自我的
眞　法

一九九七年六月十二日凌晨二時於烏來

自序

一

爲了不使整體架構流於單調及編輯方便起見，我將這個集子按照寫作的時間先後，依序分成四個段落排列，第一輯生之謳歌、第二輯距離、第三輯獨行、第四輯家的易位。收入這個集子裏的全部作品，都是過去歷年經各刊物發表過的。各輯的命名並沒有什麼特別的含義，只是挑出各單元中的一首詩的題目作爲代表，一如本詩集的書名然。第一輯的最後一首於一九六四年五月發表於「文壇」月刊的「寄月華」，算是我寫詩的第一個階後的結束。迄一九八二年十月重新提筆再出發的頭一篇作品「失眠夜」發表於「中華文藝」開始，這篇東西納入了第二輯「距離」單元中之首篇，算來前後相隔整整停筆了十八年之久，眞是好可怕又荒謬的時間「距離」呀。

第一輯的十一首詩是從民國四十七年（一九五八）至五十三年（一九六四）完成，前後六年。這期間已發表及未發表的當然不止這些。一來是由於早期的習作多數生澀，不敢將它們全部收入，再則因時間太過久遠，發表後又零星散失了的如今已不可得。而這十一首亦均曾發表於當時的各刊物如「海風」、「中興日報」、「詩播種」、「自由青年」、「文藝列車」、「野風」、「野火」、「文壇」等。世事多變化，這些刊物現今想必大都早不存在了。此刻之所以將它們在此重提面世，也只不過是反芻一下個人愛詩的心路歷程自我見證，敝帚自珍而已。

二

我非常欣賞風格清新流暢所謂明朗化的詩風，但我也並不排斥以深層象徵手法表現的現代詩，因爲詩重涵蓄、重歧義、重弦外之音，一味說白且遣詞用字粗俗的，就難免不予人淡而無味的感覺。然則，象徵也好，抽象也罷，無論現代、朦朧或明朗，肯定自我走出自我最爲重要，別人的繡花鞋不一定適合自己的大腳丫子，樹立起自己的詩格，不要盲目的跟著別人的調子起舞，這是對於一個有志詩創作的人，所必需抱持的態度。

三

我始終深信凡一切藝術，無論是詩歌、繪畫、歌唱、舞蹈、甚至書法，其內在的藝術精髓昇華至極致的時候，它們的隱性脈絡原理是互通的。所以我常想，我若是一位歌唱者，我一定常去空山幽谷模仿鳥語與飛瀑流泉的音籟；我若是一位舞者，我一定常去高山花間向蜂蝶鷹隼學習它們的飛躍之姿；我若是畫家或書法家，我一定要經常去拜奇石朽木爲師。

四

單以書法來說，個人覺得在追求藝術境界超越極限的理想是：臨帖、讀帖、揣摩，加上永續苦練。而當基本技法達到了一定的程度以後，就大膽的一腳踢開二王、張芝、索靖、陳希夷，駐足于莊子材不材間，是之謂先與古人合，再與古人離，從有法之極歸于無法。果能達到「無法」的境地便是走出了自己的眞法了。

詩既然是著重涵詠，重潛在的內省意趣；書法卻是由內而外，抒發內心深處的性情于墨韻毫芒之間，一沉潛、一奔放，兩者在藝術的本質上應是表裏依扶，且可以相輔相成的。打從四十歲以後，我就選擇了詩與書法，以作爲公務之暇生命的全部。未來的歲月亦將永矢不渝。

五

最後在此特別說明一下，本集子付梓之前，蒙麥穗兄在「秋水」的同仁系列報導中（如「遊於詩書間的童佑華」），對不才多有溢美之詞，實愧不敢當，謹向麥穗兄致上深摯的謝意。

另外封底「獨富豪情」的篆刻，則是我現正就讀湖南長沙政治學院二弟之子孝木侄兒的近作，他在繁忙的課業之餘，從海峽對岸爲我寄來這方圖章，亦深感欣喜。

風雨街燈　目錄

第三輯　獨行

第一輯　生之謳歌

一九五八——一九六四

施炳煌教授油畫作品

晨霧

夜之神的後裔
披著乳色輕紗的，常是
黎明的第一個使者啊
總慘死在太陽騎士的金箭下
一如古希臘的殉道者

紙鳶

説去探尋三月太空的奧秘
羈住你生命的飛躍
那是不應該的

虛浮的昂首的架子而已
試問幾回能經得起暴風雨

生之謳歌

肩著一個不死的信念
踏破封凍的冰河
黑夜被你走出了曙光

把已往命途的坎坷
拋向遠天的朝霞
遍身血的創口啊
為金色的黎明
綻出一朵朵美麗的杜鵑花

紅豆

思及三月江南豔麗的杜鵑花
思及沙漠裏清越的駝鈴
思及維娜斯聖潔的靈魂
思及南丁格爾仁慈的音容

當伯利恆的大草原上，傳來了
那幸福的小小羊兒回家的訊息
有人在星空下燃著燭火
用微顫的音律
唱起了第一支彌賽亞

寂寞

塵封我喀什噶爾河畔彈木兒的鏘悅
　　　　　　　　　　　　　　已是久久的了
復憶不起塞北草原的一支戀歌
這年代到處氾濫著三個金錢在噴泉
披雅娜和凡娥林的音響一齊橫流

題贈

不要用眼淚塗抹錯失
嘆息是弱者的表現
意志堅強的人
生命的火燄將永不會熄滅

為把希望的種籽播送
在人生的道程上
願你是個勇敢的「費第培底斯」（註）
跌倒了　爬起來　再跑！

註：馬拉松之役，以一氣跑完四十公里，向雅典傳捷報，於達成任務後而氣絕殉國之希臘兵士費第培底斯(*Pheidippides*)。今之馬拉松運動即緣此。

酒鬼

搗毀了九個羅丹，不很正經地
一群全裸的風
　　那年
遠洋歸來的海上
貝絲捲走了一船水手悲壯的歌聲，和
遺落在珊瑚島上船長的水手刀，早就
也許銹斷了至今還沒有
　　夢及
長著兩個叉叉辮子的獨生女愛在
火盆邊唱黃花菜開黃花的日子
舊石器時代跳月光的狐步舞

獨生女全裸，北京人的大腦袋嘲訕
狗的垂涎，以及
　　顴骨
　　　　死亡的笑

尋訪

負著生命的行囊
摸索天涯
人海　是這般渺茫
時間在旅人的心園
植下了幾許思慕和想望
去年
紅葉初肥的季節裏
第一次見面你截斷了我無休止的
尋訪
從此
你靈魂的真誠向我傾訴

我生命的蓓蕾為你開放
於是我們同把知音的十字架
樹立在友誼的磐石上
於今
我不再寂寞彷徨

島上春

春天
踏著綠色的貓的腳步
　　　　　來了
　　淹沒了三月的
　淹沒了山以及森林以及
女郎們狂熱的加力騷和恰恰恰……
而在島上
　惱人的綠色啊這些
春天里最惹我煩

等待的某些

徘徊著
蒼蠅翅膀般的　某些
透明的憂鬱自
五月的窗櫺緩慢地
　　流動

而瘦弱的雨呀病了很久
很久
　很久連一個咳嗆都無力發出
　在這以前整個春天的

所有寂寞的下午

而那稚氣的愛情必須等
待著跌落
某些遲遲的未曾道過的
問號
跌落

等待某些
某些虛無以及虛無的某些
跌落
某些嘆息
徘徊著

寄月華

撥開時間的輕紗
窗外星星和夢一齊凋落

憶及那年梅子花開的季節
我倆初把兩條幼小的情絲繫在一起
至今　像鎖著個原始愛情的謎

昨夕燕子飛過我的庭院
說故國第十五個春天又被扼殺
飄逝了　十五個流浪的歲月
啊——啊——

祖國錦繡的河山呢
春來江南青青的綠野呢

寄語燕子秋間飛過海峽的時候
煩代問兒時鐫刻在伊人心版上
　我「藍寶石的名字」
是否會讓時光的流水沖易？

第二輯　距離

一九八二——一九八六

施炳煌敎授油畫作品

失眠夜

北極星的裙裾
正飄向東南方

夜涼如水
「當午夜教堂的鐘聲響起時」
乃有天使的跫音　自
星空掠過——
說　明朝小溪兩岸有
　　車前菊與紫羅蘭的盛會
說　青色草原上晶瑩剔透的露珠兒
　　要為太陽王子的新嫁娘作嫁妝

說　渡過這荊棘叢莽
　眼前就是桃花源

于是
那「好奇心」的野牛仔
便趕在晨曦來臨之前
躡手躡腳地
懨懨然　跡過
銀河

午后

什麼消息也沒有
時間被壓得
　扁扁的
只有躲在暗處的
好管閒事的
散兵風
欲窺探那些　私語著的
　　　　　　打盹著的
小草們的
　動靜

而陽光那
蠢貨　恆被
高聳著的
宇宙大廈　世紀摩天樓　高壓線鐵塔……
擊得
雞零
狗碎
什麼消息也沒有

姿

在山之隈
竹林　傲然
卓立

挾俠士之風骨
浩浩然　凜凜然
引吭
高歌：
「風蕭蕭兮易水寒」……
且

古意盎然的

沙沙沙沙沙沙地
飄動著
葉之流蘇
　在水之湄

綠洲草原

二月
蔚藍的天空
沿大甲溪上游
越過嘉南平原
燕子呢喃著　飛來了南方
啣著溫煦的春泥
剪絲絲柳條的流蘇
為大地披一身錦鏽衣裳
近一千個朝暾夕暉
日子　總在每一個殷勤的思念裏
升騰　且小心翼翼地

將它編織成　祝福底
雲霓　無數

背負跋涉於滾滾黃沙的行囊
從黑夜到天明
此刻　諦聽
遠處彷彿有悅耳的駝鈴在風中響起
炎陽下　多麼渴望那鈴聲叮噹的地方
就是　綠洲水草

夜市

當第七日來到
這條瘦棱棱的街心
就陡地肥胖了起來
星子們都躲在天河的那一邊
守望著　燈呀　燈如畫

縱是三流的貨色
人們還是趨之若鶩
為的只是趕集著一夕廉價的歡樂
盜版的歌帶肆無忌憚
　震天價叫嚷著
假如賭場是教室

青年學子們當然可以陶醉在
　　數字遊戲的　蒙的卡羅

而那些北方來的駱駝客
不旋踵間
便跳進了　南京的夫子廟
　　　　　北平的天橋
　　　　　上海的黃浦灘

低頭默數塞北一望無際大草原羊群的那老婦
捕捉了一小片奇異風景
足夠咀嚼春來長夜的無眠
至於煙雨江南三月的水鄉
別來是否無恙
且請借問欲斷魂的
　　路上行人吧

車過三峽

我坐在中興號車廂裏
車過三峽
窗外下著黃梅時節的紛紛雨
一條條水紋沿窗子的玻璃
斜刺刺撲向了
　大西南的荒原
　　順流而下
　　　一流就流到了　雁門關口
眼前乃躍出
湍激奔騰的
黃河長江的怒濤

捲起千堆雪
呼嚕嚕花拉拉
澎湃個不停……

微時　啜一口濃濃的烏龍
憤然靠向椅背
我閉目在想
若是　船過三峽
江水滔滔
江水悠悠
下一站
下一站該是
武漢三鎮了吧

外丹功

抖吧
「意頂百會」
用強力的先天氣
打從太虛頂門開始　將那
百種千樣的「意會」
抖落

包括
榮華富貴　貧賤卑微
疾病　愚昧　煩惱　虛榮心
以及　不道德

捨不得　放不下　丟不開的
統統一古腦兒的　抖落

如此　你才能
一無罣礙　長生不老
與宇宙　日月星辰
同參

距離

臨分手時
你面向北
我面向南
然後　各自以加速的腳步
前進　所以
我們的距離是
　　愈來愈近了

苦讀了三年的詩書
至今才獲得跨入經史子集的殿堂
雖然心裏頭仍是忐忑怕怕

對於眼面前的汗牛充棟
還是得誠惶誠恐地
　　簡冊卷帙　之乎者也

且朝著日出的峰頂歡呼吧
不必擔心**A B**所代表的是什麼
兩極之間根本沒有真正所謂「距離」存在的
因為我們恆以地軸為鵲橋
世界再怎麼擾攘
也不會為之所左右　直到永遠

當所有的冰山滑過極地
迤邐而來的　便是
壯麗的七海汪洋
便是
春暖花開

烏來之旅

當我們進入纜車中
以黃鶯出谷般優雅之姿
作四十五度角
仰向嵐氣氤氳的
峰頂　迎接
亙古的戀情

那時　午後三刻的
太陽　剛歇息在西北邊的
山頭　通紅著臉　回首眺望
絕壁千仞下的　　一線溪流

以及溪流邊
　　二三隻螞蟻一樣大小蠕動的人影
然後　姍姍地
　　　　退隱至叢林後頭

而環山筆立
群樹蒼翠欲滴
那直瀉而下的飛瀑
則在一旁臨風舒展曳地的長卷
嘩嘩嘩嘩……
吟誦
　　落日
　　　　蒼鷹
　　　　　　夕暉

墻角的日日春

你賴以生存的只是那
水泥地底下一個米厘寬度還不到的
　　　　　　　　　　短小縫隙
沒有泥土　沒有水份　也沒有同類伴侶
與你鎮日廝守著的只是
那壁不言不語入定了的高墻

十六級的強烈颱風經歷過
炎熱的朱夏經歷過
嚴寒酷旱你也經歷過
那是鐵硬的水泥地都知道的

嵌在水泥地裏面的石頭子兒可為你作證

而你卻默默地日以繼夜的
成長　　蔚然成蔭
不是為了贏得喝采　與人爭研鬥豔
只因你要向下紮根
只因你要發芽開花　綿延蓬勃的
生長
茁壯

風

有人說我從天上來
有人說我自山中來

其實　我是無所不在
平時我是個斯文的浪跡天涯的
行吟客
優哉遊哉
到處流蕩
和小蜜蜂說　悄悄話
逗弄一下詩人窗前的風鈴
都是不為什麼而為的

只有當我不開心的時候
只有當我真正發怒的時候
那些樹的千手　田田的荷葉
以及花花草草們
以及電線桿上的五線譜
才會因我而神經兮兮打虐疾似的
鳴著長笛拉
警報

盼

月色淒迷
門是虛掩著的
那隻 cuckoo 不厭其煩的
從窩巢中走出十一次
　且 Cuc Koo 了十一次

思念的蝙蝠們就一齊飛入了黑色的夜空
那些透明的漣漪因而擴散開來
戀人恆是棲息在每一個水紋的交點
門是虛掩著的

箭的聯想

夜來讀唐詩
倏然發現一陣小小的草偃驚風
　起自墻角的暗處
于是李廣的金僕姑
一射便沒入了石棱之中

至於現代的射手在奧林匹克
用精製的弓箭一心只想
向金銀銅牌瞄準
而我所要說的是那
光滑雪亮的蘆粟花桿子製成的箭

一端綁著母親衲鞋底的鋼針箭鏃
用竹篾挽的弓
射向九天的日頭
箭尾就小到比芝麻粒還小了
這才是我生命中一飛沖天的
少年的夢

那年冬末的一個晚上
踏著遍地的雪花
匆匆離開家園的前夕
我曾將這副我親手挽製的強力弓箭
與童年捆在一起
藏進後院的屋簷底下
如同金銀箱沉入了海底

此事經過了十年後才在

記憶的漩渦中忽然地浮現
且從此便一直不曾消失

因而使我在爾後流浪的歲月裏
老是千百次的記罣著
我那心愛的少年弓箭
至今又過了兩個十年
不知它是否還能
安然無恙的藏在故鄉老屋後院的屋簷底下
而不曾
　折戟沉沙……

黃葉情

浮雲一別後，流水十年間
——韋應物

慘綠的年華不再
眼前是
紋理古樸　脈絡井然　曲曲折折
乾枯了的　日夕的思念

黃葉原是向詩註冊了的
曾經　不經意地
翩然飛入了我的窗前
從此　你的影子便在其中出現

今早我把這片珍藏了十年的
相思　讓流水帶給你
並在枝頭又採擷了同樣的一片新綠
刻下某年某月某日
夾入我心靈的深處
等十年後　我會將它再寄給你
讓你看看時間的精靈們
在上面又吟哦了些什麼

雪之旅

這般水晶一樣
　參差垂掛著
透明的　冰凍錐子
在時光的隧道裏
有許多動人的故事浮現

它們述說著　北國風華
它們述說著　寒冬過盡
溫暖的春天就會緊接著
降臨人間

而大地一片潔白似銀
今朝沒風　林梢無語
為何卻不見　不見那
遠方的歸人

遭憂

「懷王重其才」
心地狹隘如靳尚輩者
他們卻諂你疏你嫉你
而你只是　一介書生
明於治亂　所作所為
莫不都是為了　利國興邦

譽之所至　謗亦隨之
由於襄王的再次用讒
你落拓的沿修水順流而下
入湘陰　出岳陽

班固曰：離　遭也
　騷　憂也

當五月初五　汨羅江的水
嗚咽奔騰著的時候
有誰能聽得到你那
憂時憂國的漁舟唱晚
（襄王謫原於江南　原作漁父諸篇
以明志　尋自沉於汨羅而死）
而楚人哀之
以竹筒貯米　投擲於江水之中
饗你不世的英才和氣節

今朝
喧天的鑼鼓　從蓮池潭上
一陣緊似一陣的傳來

看那流矢般搶渡的龍舟過處
啊啊
三閭大夫
兩千二百多年的悲憤
你的每一根賁張的血脈
豈不就是那
澎湃激盪的白浪千條

雨水・陽光

——寫給G・Y

胼手胝足　不停止的耕耘
寫作就是要像一個勤墾的園丁
若是不以全心靈灌溉
那會有繁華競放　芬芳滿溢
生命的果實壘壘
是的　寫作那有不辛苦的

立春　第一個雨水以後
整個大台北都城
風雨淒其

整個心情都浸在雨水之中
過了明天　你說
把詩寫好了
就坐國光號　飛來
鵝鑾鼻
尋找久久失落了的
太陽

到時　我當然會
張開虔誠的臂膀
迎接你翩然的蒞止
然後以潔淨的雙手
將仁愛河上　金燦的陽光
大捧大捧的
獻給你
以作為你頸間美麗的花環

無題

花謝　花飛
總是無痕
　　相思也無痕
若說不是為了孟夏之夜的月色
怎會有滄浪之洲
　　　　旅人的痕跡
一如千百隻翱翔的
鴿子　嚮往著
藍天白雲
總是以柔美的和平之姿

向著、青空以外的
山山水水
飛越

老榕

伸千手　向
青空探索
以亙古不變之姿
圖騰著生命的力與美

不要雞蛋裏挑骨頭
說我們這個龐大的家族之中
也有極少數墮落的敗壞的不肖分子
甚至還窩藏著外來蟲蟻的禍心
　在蛀蝕著我們的肌膚血肉
就一口咬定我們終有一天會枯槁

軀幹將被付之一炬
葉的子孫會葬入泥淖……

這些話是只就浮面的表相的說法
而根本沒有觀察到我們真正的
血脈滋榮之由來　乃是
淵源於我們數以萬計強韌的根鬚
已紮入了既深且廣的
有著活水源頭肥沃土壤最深層的地底下
這才是我們健康生命豐盈枝葉
最有力的憑藉
當然　我們生存的最大目的
是要為保有屬於我們自己的
這塊溫馨的土地
　不被污染流失
不教邪惡踐踏

進而讓自然生態得到美化

並不逃避強風暴雨
在每一次的風雨中

為了抗拒暴力摧殘
雖然也曾被弄得折枝斷柯落葉滿地
但只要我們的根本不動搖
（永遠也不會動搖，因為我們的根鬚
比任何同類植物紮得深廣且牢固）
從災難中得到磨練
過後我們總是活得
更青翠　更茂盛　更精壯

眞實論

他氣極敗壞地　將
摩娜麗莎的微笑
　活活的肢解且燒成灰燼
將窗櫺上的陽光　一片片的切割
　用竹籤串成許多鄙夷的
心形節　掛在廊簷
風乾

然後與我談李白　杜甫　孟浩然
是的
詩是最最精煉的文學

當然是越醇越好
避免嚼爛舌根說廢話
這我完全同意　舉雙手贊成
至於說一定要
　　寫真實的事
　說真實的話
且必須一個蘿蔔一個宕
我怕那是把真實給
誤導又扭曲了
（所謂「真實」應是藝術精髓昇華了以
後的真實，而非外在形貌的真實）
否則
生活在四季如春寶島的小說家
沒見過大雪滿弓刀
就不能創作　風雪夜歸人
那麼請問

涂靜怡如何去寫　從苦難中成長
李昂真的殺過她的丈夫沒有
朱銘又怎麼用斧斤來
鑿塑　孔聖先師

失去的玉雕

埋入記憶的深海裏去吧
就像那年乘坐月光竹筏
在南極無人島的
冰層上　沉一大箱慷慨激昂的
歌聲
隨颶風而飄逝

期待的小白鴿
　終究是靜靜地　飛遠了
倘若
倘若失去了的

就是那空谷中的幽蘭

那麼溪邊　那

坐姿仰首的玉雕

已足夠酩酊三世的了

有寄

十二月的紫杜鵑
一路開上了門前的小山坡
楓葉就紅似二月花了

該咀咒的
不是　蛙鳴　　蟬唱
月白風清

雲彩　它若能夠自甘寂寞
再長的等待都是詩
它若無意留駐

就從八千公尺冰雪的額非爾士峰
飛身躍下吧

至於說　把生命化成千萬朵飄然的
梅花　還諸大地
不同樣也是一種
美感　一種
轟轟烈烈嗎？

陽關曲

——悼效普

那年
你從軍中下來　行囊裏
除了幾本舊書　一無所有
我也仍未跨出告貸無門的窘境
我們在秋日的夕陽下
攜手躑躅于鄉間小鐵道的
鐵軌上　謹慎地以同方向
踩著腳下狹窄的步子

臨別　你贈送我

在金門八二三砲戰
　共軍打過來的砲彈頸環
　　所改做的一只鋁質小戒指
　　　上面刻有「大膽」二字
你說：「大膽擔大擔」

十年以後
你在台中　胼手胝足
終于創出了一間出版社
　還有一個普天書城
並緊接著結婚生子
我帶著我的大小犬去台中
參加你的婚禮的時候
小傢伙才不過五六歲
如今已是一八〇的身材
而你也早育成了四位

聰明伶俐的乖女兒
最近幾年　聽説
你在事業的路上走得辛苦

三月十六日　我回高雄時
突接守榮寄來的短箋
説你于三月十日上午八時
在花蓮逝世並已火化
世事真無常
我怎能相信那樣
鐵錚錚的一個漢子
怎會在一夕之間
就讓烈火給化成了
灰燼

三十多年的歲月

國家　民族
人生事業　妻子兒女
再坎坷崎嶇的道路
你都勇敢的跋涉過了
從此　西出陽關
俯仰應可無憾
效普兄弟
你且　你且好走

後記：常效普筆名常青樹，五十年代寫過詩，也發表過詩評論文字。常守榮與效普爲河南同鄉，年紀相若，是同村出來的堂叔侄倆。我認識二常是在民國四十年初，友情歷三十餘年而不渝，誠難能可貴也。

民國七十五年四月十日燈下嘉南村

嘉南村的周末下午

之一

十一點三十分簽退
十一點四十分進餐廳
有家有老婆的人
匆匆扒下兩三口飯
就提著簡單的行囊　一陣風似的
走了　把所有的煩悶和寂寞
一古腦兒的扔給這
小小的山窪
留下來的
不睡午覺幹嘛呢

那真是安靜得要命
兩隻耳朵的聽覺變成了真空
就像是沉入了十八層地獄
　　　　　　　靜　靜　靜
只有山林裏的小鳥小麻雀們
不知為了啥子事　傍若無人的
一直在吱吱喳喳的
爭吵個不休

之二

空氣把所有的聲音一齊
捏死　然後
從邈遠的山溝
轟然地傳來了一陣
龐大的闃寂
庭院裏的樹樹葉葉們

剎那之間都變成了
不會說話的
啞吧
不知是哪位二大爺的房門
沒有關好
一逕讓那頑皮的小小風兒
偷偷的溜了進來又踱了出去
惹得房門　嘰嘰咯咯地
在那兒小聲地說著
閒話

蛇

無人偷吃禁果
但仍是隨處可見到你的魑影
說不定就在床底下　枕頭邊
以及散步時的腳面前

雨傘節　龜殼花　飯匙倩……

寢室的走廊上我就親眼見過
　一條尺來長的土褐色的在　游動
尤其那種一見到人
身子就盤纏捲曲著

且昂首
蓄勢的
你得特別
小心就是

故事

一

當然　災難
準備敲斷我第七根肋骨的時候
你會發現我的眼瞳裏並沒有
懦怯的叛逆
毛毛蟲的雞皮疙瘩　在
童年
至于飛機大砲什麼的
我的耳朵　曾吮過
死亡的毒液
而蓋著九床棉被的北回歸線

攝氏體溫四十一度又三分其時
戴方帽子的那鉤鼻子醫生　死命地
揪住人造衛星的尾巴　繞地球
跑了一周半　氣咻咻地
終于
摔成了肉餅

冰河期白令海峽一千呎的冰層底下
我也生活過很長一度時期
我的胸口至今仍在滴血
但無人　先我
看到
　　日出的
奇景

二

那終于以火刑被否定了的
梅菲斯特的金劍折斷了三節　然後
從他顫抖的手掌心滑落下塵埃
乃默念著　默念著零時以前的夢魘
那些搖搖擺擺的誘惑　企圖升起來
那些化裝了的彩色雲朵
升起來　企圖
侮辱五月的青空
侮辱畢卡索又侮辱繆斯

稍後
我莊嚴地繼續啜飲著那杯剩餘的烏龍
且再次聽到老黑爵嘹亮的黑人聖歌
梅菲斯特的馬啼聲
遂迅速地劃過林莽

花東行

一

早晨
剛出發的時候
太陽一路陪伴著我們
未幾　車廂裏相繼唱起了
悠悠的「流水」以及「山塔路西亞」
　熱情且悅耳地
車過大武　陽光忽地丟下了我們
一剎時功夫便竄入了
中央山脈密集的雨林之中

二

入山以後　撲面而來的是山的
最原始的清芬氣息
叢山峻嶺　莽莽綠林
幽幽蒼蒼　渺不可即
車行轉轉折折升升降降
九彎十八拐
在迷魂陣裏打圈圈　山徑
好似女人的長絲襪
我們從襪子的右口進去
老半天才又從襪的左邊鑽出來
那縱遊兩山之間谷底的
小白龍一樣的山嵐
與我們的大巴士比速著競跑
風雨則大筆大筆地
為山林潑墨著揮灑著
雄渾的朦朧之姿

三

長虹大橋胯下
濁水滔滔地滾流著
而柔美的秀姑巒　與
大漢溪乃是一對癡情的戀人
隔岸千年不息的唱和著
哀婉動人的情歌

四

非山即海　我們被夾纏在山海之間
這一日山海是我們最親暱的情人
把海拋給落日
我們向千山萬嶺間蜿蜒
走出群山
海又馬上跟了上來

五

三仙台是一闕古老的愛情神話故事
傳說　很久很久以前
一對天上的神仙動了凡心下了凡來
在此風雨如晦的海中巨石上幽會
因而震怒了天帝
要將冒犯天條的男女神仙拿回天庭
可憐二仙橫遭那無情的天將
一鋼鞭打下
直嚇得沒命地沿著海濱裸奔
男仙沒跑多遠力竭身亡而仰臥山中
女仙則勉力跑了幾座山頭亦香消玉隕
雙雙化成了不朽的
人身奇石　傳頌至今

珊瑚潭組曲

月色

該是農曆廿一二三了吧
月牙兒冷冷地斜貼在渡銀了似的
天宇　那三分之一的偏西的
座標上
像極了三四十年前
舊式農家她二大娘梳頭用的
一把木梳子
十分古典的

夜遊

我們從潭堤的外側中層

第二道光滑的柏油路面步入　而
漸行昇高　緩緩地
向上
逆走　於是那
第一道最高最寬闊的主堤　便
長城一般的聳峙在
邈遠的
星月的清輝下　然後
我們朝著透明的月色
仰首　移步
沒有塵埃　沒有噪音
有的只是小小的微風
有的只是最精緻的清醇和寧靜
北北東　南南西
上下六合四野
倘若　穹蒼之外　仍是虛無

那麼虛無之外之虛無之外之虛無之外之虛無
又是什麼呢

飛舟

當我們化成一尾尾飛魚的時候
每一根「珊瑚」都活生生地
婆娑起來了　且不停地
變化身姿
而水的銳利的剪刀
緊跟在身後
猛剪我們留下的　影子
天空群山眾樹與長堤
則離得遠遠地
默然傍觀著
我們飄逸的　被風
吹起來的衣裙

第三輯　獨行

一九八七——一九八九

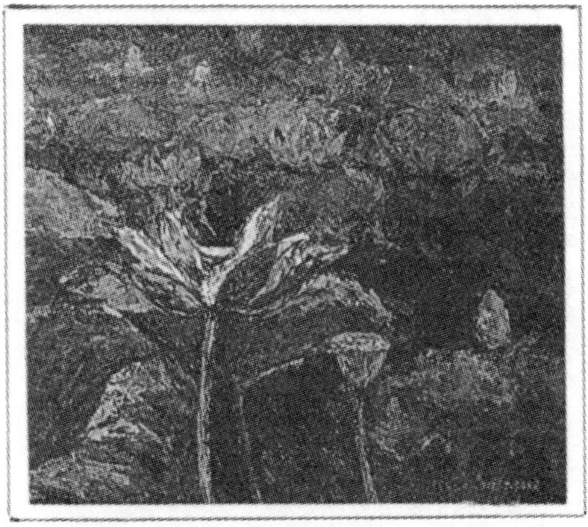

施炳煌教授油畫作品

夢之湖之旅

十一月　午前的陽光
都赴流浪雲層的約會去了

立於船頭的
那年輕的舵手
操著胸前八卦形的輪盤
乃有希臘古騎士的英姿

挾著沁涼的寫意
船
徐徐地撥開清澈的湖水

輕濺起浪花
風在耳邊細語
有人以悠揚的男高音
於心靈的深處
唱起了
「朋友們　快來呀
　這船兒就開槳——」

為什麼要說沒有「聽」到歌聲呢
撕裂這般詩畫一樣美好的
寧靜
將是莫大的罪過
我們用眼睛和靈感的囊橐
一路採擷著
天上的雲彩以及
山限水際嶙峋的岩石

當船經過之處
無數小島與島上蓊鬱的樹林
都向我們熱情的寒暄且頷首
而遠處山陬邊一對漫步的情侶
霎時之間就被大自然的魔手
攝入了永恆的
風景之中

註：夢之湖爲珊瑚潭（烏山頭）水庫中之一景。
民國七十五年十一月九日（星期日）

風雨街燈

那盞路燈
孤伶伶地站立在對街的牆腳下
任風雨肆意的撲打著
夜已是很不年輕了

有八成醉意的風婆娘
用無以數計的雨點
編織一晶麗的銀絲網
將街燈團團罩住
夜的微鼾清晰可聞
樓下那隻最好嘵舌的小拳獅狗
也噤若寒蟬了

那人不畏風雨的淒其
踩著三輪車走過街燈
且一路吆喝著：

臭豆腐啊——

未幾
一小男孩右手撐著雨傘
　　左手端著白瓷碗
走近了熱氣騰騰的臭豆腐攤

從二樓陽台俯視這風雨中的街景
心頭頓覺有一股暖流湧起
　　如讀一首感人的小詩
　　如賞一幅雋美的浮世繪

清明遙祭

將思念化為悲愴
一片片丟進熊熊捲伸的火舌之中
讓火刑拷打著三十載的懺情

那年秋天一個漆黑的夜晚
在村頭　我用晶白的鵝卵石
擊打出火花　呼喚遠行的
父親　平安歸來
父親卻在我離家後的第十六個年頭
被魔鬼逼出家門　一去無影蹤

流浪的歲月裏每逢除夕
齒間總會垂涎著
母親油炸獅子頭的
肉香　以及她在觀音菩薩面前
採來仙丹熬成的藥水
至今我的舌尖上還有餘溫

一陣小小的旋風掀起
火苗將息的紙灰
在山岩上飛舞著像蛺蝶
　　　　　紛紛飄落

遙看海上落日正指引著
船隻行進的方向
默禱
二老在天之靈　羽化前來

前來收饗兒媳為您供奉的
菽水三千

一盞馬燈

於是
簷前熒然亮起
一燈
如豆　照映著迢迢
遊子歸鄉的路

隔著冰涼的玻璃體
隔著朦朧與未知
探進時光的隧道
探進歷史的核心
將那硝煙彈雨擦拭掉

將滔天的巨浪擦拭掉
將那隆隆的砲聲擦拭掉
將遍地的腥風血雨也擦拭掉

母親的紡車　昔時總在
子夜的堂前輕吟低唱
吾家屋後小溪的流水
春來是否仍多情的
為柳絮作嫁粧

四十年來家國
迢迢
遊子歸鄉的路
簷前　煢然亮起
一燈　如豆

練書法心得

初次踏入這塊處女地
淡淡的三月天　眼前是
異香撲鼻　繁華如錦繡
撫長劍　一揚眉
世界儼然在我的掌握之中

單騎走曲徑　探幽微
跋涉荊棘蓁莽
大漠孤煙　綠洲甘泉
路在千山萬水間……

當存赤子之心
晨昏須不斷的揮灑
氣蘊丹田　意達毫端
衝破重重柳暗
莫教骷髏老是牽著鼻子走
踢開二王　張芝　索靖　陳希夷
出其姿　出其勢　出其骨
從有法之極歸於無法
果真能從無法之中醞出法來
方是傲然於宇宙間屬於自我的
真　法

逑

嚶其鳴矣！求其友聲
——詩經、伐木

大清早
千竿竹林之中
一隻不知名的紅嘴鳥雀
粗著嗓門兒
在重複的嚷嚷——
「快點來　快點來」
眾樹和山花都一旁屏息著
像聆聽一著名的男高音

不一會兒
對面的相思樹叢裏
果然有了回應
聲調細柔而婉約——
「我就來　我就來」

這一唱一和之間
其他的鳥們都清楚的聽見了
竹林和在竹林中穿梭不停的
　　頑皮小松鼠也聽見了
大夥兒卻不動聲色
憋了老半天
終是禁不住
風的鼓譟
便一齊哄然的
爆笑了起來

從住家陽台看夕陽餘暉

至於
落日照大旗
　那是另一種風貌
數不清高低起伏的屋脊　簷角　鴿舍……
構成了重重疊疊的
山巒　森林　沙漠　灌木以及
　　　　溝渠的筆意
而遠處教堂尖端的
十字架　已然觸及
雲的翅膀

無極曠野的盡頭
乃有一淒美冷峻的

古堡　兀立著

其側有裸裎的夸父
環抱一對有力的胳膊於胸前
　凝視
穹空　此刻他只須
一探手　就可掄到頭頂上
那輪滾動著的橙紅色的
落日了

淡淡的三月天

自從
踏過火的核心
氣溫就一直沒有回降
攝氏表上升到
三十八度紅線以外迄今仍
目眩眼花　寢食難安
而一夕雲霾之後
就有山雨欲來
風滿樓的氣勢了
當然　最好能夠
緩緩地進入　三月天

倘若果真恆久保持
　淡淡的三月天
庶幾才可擁有
綺麗的夢之幻景
　詩之清泉
以及永續的
相思

蛻

一

一路
踏雪而來……
那人終於在子夜時分
昏沉沉地　踽踽步入
一星空下的
　　　　小木屋
以尋找失落了多年的歌聲
孤獨地坐在一小型的披雅娜前
用他凍得僵直的雙手
艱辛地　敲打著

敲打著一組未經命名的
音律

二

經過了一冬的沿街托缽
乃有陣痛後的歡顏
乃有新綠在枝頭
吐露嫩蕊　直到
一線帶血的光影
自嶙峋冰凍的
山脊滑下
春天便在萬壑之中
翩然君臨

偈

窗外
林間　有
蟬翼一般乳白色的
霧　正蠕蠕地在游移著
山陰道上
喋喋不休的木魚與青磬聲韻
將曙色從夢幻中
喚醒
睜開惺忪的睡眼
他驀然驚見
墻上壁紙粉紅色的名字底下

一赤裸的女體跚跚走來
⋯⋯⋯⋯
逆旅中的異鄉人哪
你做過多少次
歸鄉的夢

而一逕搶著與
木魚青磬比音量高低
唸阿彌陀佛的
老禪師　你到底是在為誰
禮讚　或是
贖懺

珊瑚潭的落日

那時　沒有距離
從多變的歷史瓦礫中醒來
我們談論著清晨黃昏以及
黑夜
關於陳年大麴
關於晚霞滿天
　雲深不知處
你羞赧的朦朧之姿
恆是隱藏在
　密密的相思林中
極目所見

每一個渺小的生命
都詮釋著虛無的夢幻

一排肩碰肩跳柔柔的波浪舞
　翻白的蘆花
不知向那位攝影大師
借得西子湖上的落日
掛在胸前
　作為裝飾點綴

而當你無意間輕輕踩過
高壓電線的五線譜
譜成一絕美的音符時
該用什麼樣的彩繪才能
將你複製

而最好吟吟哦哦的晚風
半個詩句還沒揣摩出來
剎那間
你卻又逾越
千尋以外的長川
把那　潺潺的流水
染紅

獨行

為了證實我的每一個腳步都能
在這崎嶇的山路上
穩穩踏過
我將我的大皮鞋後跟底下
各釘上一厚厚的小鐵塊
如此
我的有著哲學內涵的踽踽獨行
就會發出連續不絕的
鏗　鏗　鏗　鏗　鏗……………
　之金屬聲韻
堅定且悅耳的

夕照

萬頃阡陌
一縷炊煙
夕陽在濁水溪頭
遙與對岸
層層沈默的山巒
手語

披三山五嶽的塵沙
在群峰之巔
盤古立於巨石之上
飛越一浩渺的夢土

俯視大野蒼蒼
有人於千嶺之外
吟著晚風
默數點點歸鴉

風在林間

——致一畫家友人

滿坑滿谷的山蟬
吱吱喳喳得熱鬧非凡
秋已濃　湖水正藍
潭上月色入夜以後更加的
清絕
吾們已許久沒有促膝話舊了
背著你的畫具
　靈思與禪意

挾著你清癯的風骨　以及
野鶴閒雲的書生氣質
來吧　老友
這時節山間遍布的竹林和羊蹄甲
青翠亦如陽春三月的江南
是捕捉風景的好佳期

茶香酒熱
風在林間

等

已經不復記憶
那隻小螞蟻跋涉了
多少個荒原
多少蔽無天日的森林
多少個沙漠
終究是尋覓不到
　　一彎流泉
　　一隙陽光　以及
　　一串悅耳的鈴聲

每一滴沙漏

都沖激著一個世紀的曇狀雲

然則　何如
仰望悠悠藍空　或
俯視大地匆促奔忙的
人群　不也是一美好的風景
何須苦苦地
尋找那渺小的一隻小螞蟻的
蹤影

壺

從渾濁泄沓的街頭人群之中
我們踩著失落　緩緩躑躅
居心要把
這喧騰擾攘的世界
忘記

自潺潺的小橋流水
繞過峽谷　遁入
一脈游離的煙嵐　以作
昏暈燈前促膝永恆的歡愉

乃咀嚼著許多流浪的
秦俑　少許詩情
揮灑了半卷不帶煙火氣息
禪意的狂草　以及
最後一池　風動的墨荷
長長的夏夜在每一個清醒的脈息中
打從舌根底下
輕輕滑過

壺中千年
是否還能
尋得來時路
如今　都化作那
六朝金粉的
殘篇往事

第四輯　家的易位

一九八九——一九九六

施炳煌教授油畫作品

歲月

那年春節的第一天
我們兩個
賭牌九　你以
強橫的空頭
下注　押十塊
輸十塊　押二十
輸二十　押四十輸四十……
如此以等比級數重疊累計
最後
你終於贏回了
全部的負債

我默然

四十年後
　我們舊地
重逢
在歲月的賭場裏
你已將當年的
豪情　輸光
我在村頭水平如鏡的大塘沿
攙扶著你嶙峋的身子骨
步上石階
夕陽餘暉下　你卻
一逕低頭俯視水中自己
微顫的形影
你默然

小人國三題

一、紫禁城

更樓上鼓打三更
有人不知犯了何等
滔天大罪
被推出了午門
給　斬了
霎時
那跨著紅鬃烈馬的
三騎禁衛軍
風一樣地

並轡　直向
紫禁城門飛奔
而來

敢問　他們是為了
報信的　抑是在
捕風

二、山海關

三步併作兩步
來到了這狹峰路口
無奈那李自成
早攻陷了京師
于是吳三桂乃公報私仇
一氣之下　引清兵
入了關

陳圓圓雖即時遁入了空門
卻也無法挽救
這片秋海棠
在風中跌跌撞撞圓圓缺缺地
一滾就是　三百年

三、漢宮秋月

那樂音　恰似
一簾幽夢　冷冷地傳自
漢唐玲瓏宮闕
問今夕何夕
為何秋月依然
如鉤

被污染的風向袋

當風向袋的尾端
娓娓道出天狼星的位置
南方　遂冉冉
升起了一面旗

所有含高份子的有毒氣體
乃一齊的蠢動起來
而氣體帶動著身體的微塵
覆蓋著海堤　河岸和屋脊
于是　人們就休想有一件
乾淨的白領衫

必須渡過這惱人的周末

何須杞人憂天
這地底下縱橫如痲的
電底經脈　一旦
果真扭曲了
大地發燒　地球爆炸了
亦不必大驚小怪
充其量只當它是這
浩瀚的宇宙間
一粒鼓動的微不足道的
小小氣泡罷了

一切都會馬上過去
一切都會恢復平靜

孤絕

當然
船到江心
如果心中有岸
日子依然是
美好的

而我如今卻更
崇尚　孤絕
孤絕
並不是孤獨或絕望的意思

——不企不求　超凡脫俗
它乃是
生命特立獨行的
一種坦然不羈的昇華
境界

白鷺鷥二題

一

這潭畔的
　一草一石一水文
都是你精心選就的上等
稿紙
凌空　展翅
只一記輕巧的
迴旋
我便讀懂了你
每一個詩句無瑕的段落與
結構　以及其中

完美的
意境

二

塯公圳的碧波依舊
岸上熙來攘往的
遊客　絮語喧嘩
依舊
一隻失單的白鷺鷥
貼水面掠過　然後
輕盈地落腳在一處
　清淺的沙灘水湄
尋尋覓覓
不知是找尋食物
抑是揀拾失落的
　夢影

你舉止瀟灑
是為了要掩飾
　心底的落寞和孤寂
　或是其他什麼的
白鷺鷥的心思想必
只有訝然探出水面
一臉青色苔痕的
石頭
知道

無象之象

一頭中生代的
龍
倏然間變成了一隻頑皮
豹　在風中
奔竄著且快速地
蛻化

不再回首
一回首　便
什麼都不是了

七歲的李亮謙

要不是正好那善心的
割筍人尿急
　　而停下了攀山的腳步
要不是正好在這千鈞一髮之際
七歲的李亮謙
　　　　發出了及時的呼救聲
要不是這娃子過人的機智鎮定
感謝綁匪還沒有完全滅絕天良
留下了一桶活命的清水　少許口糧
在這毒蛇猛獸出沒

人蹟罕至生死一線的
深山絕壁之中
十天的驚恐　三晝夜的黑暗和飢餓

媽媽——
媽——媽——

我們恐就永遠無法聽得到
這般
驚天地泣鬼神
撼人心弦的淒厲的
赤子人性的呼聲了

寫詩的白鷺鷥

新耕耘過的一大片
四方形田畝
在七月的午後
是一張巨大的　褐色
稿紙

成群結隊的白鷺鷥
以輕盈之姿
凌空　落筆
構思　哲人似的
字斟　句酌

至於布局　節奏
則以
充溢水性的
泥土芳香
潤飾

單車女郎

那騎單車的女孩
電掣一般
　　穿巷而過

引起一陣風的嘩然
滿地的落葉嘻皮們
遂群起模仿車輪滾動的樣子
緊隨女孩
　　飄逸的裙裾
一路打著
唿哨　而去

家的易位

一九四九至一九七〇前後
他們化思念於癲狂與悲哀的
夢魘　朝夕
心心牽罣的是
故國家園　在
　遙不可及的汪洋煙渺之中
熬不過的只有
　倒下了　發瘋了　自決了　痴呆了
或流離失所　失魂落魄
一九八〇至一九九四

開放「探親」了
帶著一身疲憊與歲月的蒼涼
回到彼岸舊時的家園
卻似少年時初履「寶島」一樣
水土不服之外
　心心牽罣的
卻反過來變成了此處的
　　　妻子兒女
於是有人慷慨悲歌：
　「老來莫還鄉
　　還鄉仍是客」

這是何等的矛盾和諷刺
「治亂循環、因果相隨」
歷史它豈真是個
狡猾又醜陋的九尾狐

歷史的尋訪

玉一般的潔白
南台灣古城六月的
冰棒
以沁涼的　火苗
燃燒著我們心底
沸騰的
詩情與友情

從黃土高原至海域
寶島
我們用詩的腳步

探測
歷史「古堡」的墻垛韌度
以及「億載金城」護城河水的
深度

彼此　心靈相契
　血脈交融
　　真誠擁抱

而這充滿和諧歡愉的十人座廂車
在金色的豔陽下
微時　便緩緩駛進了
三百年前的時光隧道
眼底　乃
燦然亮起

「前無古人」

後記：一九九五年六月二十三日，夏日炎炎，咱們在地的「台南四人幫」詩友薛林、詩薇、陳欣心、童佑華熱誠接待遠從大陸、台北南來的詩人雁翼、古繼堂教授伉儷、墨人、綠蒂、涂靜怡等，彼此相見至爲欣喜。「前無古人」則是參觀延平郡王祠，入祠所見拱門上之題字。回程中詩薇買了一大包冰棒分送諸家詩友解渴降暑，耐人回味無窮。

榮靈祠的牌位

仍然是站成
班橫隊　排橫隊　營縱隊
一絲不苟　滴水不滲
只緣當年
操場　沙場
練之有素
紀律如山

「忠魂不泯」
沐雨櫛風
那奔湧的熱血和著無盡的汗水淚水

如今都化作
這畫棟雕樑簷前的
蒼蒼松柏
颯颯
清風

莫道「典範長昭」「義行永式」
昨夜夢迴
翹首雲天　恨只恨
壯志未酬
望斷關山
千萬重

除夕夜

總是從某種異鄉熟悉的氣味中
醒來　味覺是最有記性的了
許多陳年往事
都隱藏著數不清理不透的
從前

從前種種的舊家當　兒歌俚語等等
連泥土捏就的刀馬俑
也能從大風雪中活生生地
走出來　而無視於人間的煙火
走了出來

鄰村飄著一頭青絲的
牧羊女趕著羊群
閃進長長圩埂千隻手臂的
黃柳條叢林中
不見了蹤影

總是從某種異鄉熟悉的氣味中
嗅得那年年三十母親在灶間
油炸獅子頭的肉香
於是　臘鼓頻頻的擊打著
由遠而近　擊打著一世的冰霜
一如奔馳羊群的蹄聲
那蹄聲　響自四十年前
響在今夜

父與子

大年初四
門楣上我親手書寫的
「源遠流長」四個字橫披底下的
五個五福字　不知怎的
居然被風吹落了三個
我將之揀起放在客廳的
電視機上
原兒問：為什麼掉下來了
我說大概是紙面太過光滑漿糊無法
黏住的關係
原兒又問：要不要再黏上去

我看年事將過　便順口反問道
你說呢（有一份散漫與無奈）
再黏上去（他的語氣十分堅定）
於是父子倆合力將
掉下來的三個五福字
整整齊齊的再貼了上去
於是五個五福字便一齊的
又　刷刷刷……
在春風裏　非常快活地
舞動了起來

台北中華商場二題

一

廉頗老矣
雖仍能飯　仍能
辛苦的幹活兒
只是手腳都讓歲月給擰僵了
　　行動漸漸的緩慢了

從少年到白頭
昔日的豪情壯志
已隨西下的夕陽以
　　俱沉

不再喋喋不休了
該説的都説過千百遍
沒説的　就留給
兒孫們去琢磨吧

老夫少妻
寶島姑娘的嚶嚶細語
亦早變成了懸掛墻上底
褪色的　風景

二

「天祐通寶」
兩百塊新台幣
估得千年漢唐的文明史
不必追根究底它是否
贋品　真蹟

鎳包的或是銀鍍的

烏衣巷口
何處才能覓得那
尋常
百姓
　人家

後記：某年公差台北，夜宿國軍英雄館就便逛了一下名聞遐爾的「中華商場」。
極目所見，當年從內地或後來自軍中退役，在那兒落腳生根的青壯小伙子，
如今都已垂垂老矣，嘆人生之須臾，是爲記。

附錄

現代詩三十年

童佑華

本文民國七十四年元月發表于秋水詩刊四十五期記述個人與詩結緣的若干紀事，相隔十多年，現將附錄于此以爲存照。

一個人或曰詩人，當年輕的時候，假使沒將一顆赤裸裸的心，一無罣礙誠誠懇懇的交給了繆斯，而夢想在未來的歲月裏，得到詩神的青睞，寫出一點像樣的詩篇，成爲一個名副其實的詩人，那幾乎是不可能的事。因爲詩之神的金箭，恆是射向那顆屬於青年人所擁有火一樣炙熱的心的；因爲年輕人的感情奔放、靈思敏銳、善於織夢、詩心易於熔鑄；因爲年輕人的學習模仿心強烈，詩的基本技法之鍛鍊容易掌握。

到了中年以後的人，縱是國學根基再深厚，能寫得一手合轍押韻的古詩詞，也有一顆詩心，但要想寫出趕得上時代嶄新的現代詩，單在表現詩的字詞句法結構上，必定讓人看出處處有小腳放大的跡象。

然而青少年之時果能受詩神的眷顧，也並不意味著爾後詩之長遠的道途，就穩定能夠一路風光下去。只緣詩之金字塔，既要廣大又要高；既要打好紮實的基礎，也要不斷的用汗水耕耘才是。

民國四十二、三年至五十年前後，中國現代詩雖然還沒有眞正的開花結果，但詩運的蓬勃發展乃是空前的，從草創時期的「新詩周刊」、「中國新詩」到「現代詩」、「藍星」、「創世紀」，乃至後來的「野火」、「縱橫」、「葡萄園」、「海洋」等等，都相繼的問世了。而現代詩「橫的移植」及「縱的繼承」的論戰則如火如荼的緊接著展開。各報刊也都爭先恐後的開闢了詩的專屬園地，現代詩眞的像一陣狂飆似的，吹醒了整個文學界，也吹醒了不計其數仍沉睡在「星月派」餘燼溫床中的年輕詩人。

民國四十八九年間，我和患難知友李代茂同住在嘉義鄉下，那時我們也都還處在屬於夢與詩的年齡，雖然由於生活環境的閉塞，與外界接觸極其有限，什麼都不懂，卻偏喜歡雲裏霧裏的讀詩、談詩，後來也學著寫詩，像不像就不管它了。而詩人不是都有一個既響亮又富羅曼蒂克的筆名嗎？寫詩要想投稿出去，須得有個筆名才像個詩人樣子，不是嗎？經過彼此幾番推敲，代茂終於想出「格非」這兩個字，格非！讀起來音韻鏗鏘，含義也好。爲了兩人共同的心願與理想，乃決定將此二字拆開來各取其一，然後冠上自己的姓氏，就作爲各自的筆名。代茂要我挑選，因爲他比我大一歲，我就將頭上的一個字「格」禮讓給他了。於是乎從此以後，我們都有了筆名，代茂叫李格，我叫童非。有了商標，就打算正式將「產品」向外輸送，但也是閉門造車，憑著一股對現代詩的熱愛，在那極短暫的一陣子時日裏，我們確實幾乎將整個生命都投入了。

我們寫詩的唯一營養來源就是「現代詩」，草此文時我將早期珍藏的七本「現代詩」，攤在桌面前，紅、黃、綠，不同的色調，心中仍然會湧現二十多年前那種欣喜躍動的情懷。現在想想，「現代詩」的營養價值再高，在當時就某種角度來說，毋寧還是嫌偏狹了一點。只因它的步調激進，飛躍得太快，風格特異，曲高和寡，以致難免遭到其他較保守詩社的反諷與排斥。

我個人在那兩年學步所寫的零星東西，一塌刮子不過六七十首左右，投出去已發表了的大概有三十多首的樣子。所涉及的刊物如「海風」、「自由青年」、「詩播種」、「成功之路」、「野風」、「文壇」、「野火」、「文藝列車」等。在嘉義商工日報的「南北笛」，記得我與李格也同時有作品在上面發表過，我現在卻已找不到那些報紙了。我們最嚮往的當然是「現代詩」，總以自己的作品能一登「現代詩」刊爲榮，但那猶似銅墻鐵壁的「四方城」（借用刊在「現代詩」上林泠作品的篇名）就是屢攻不入，也許我們起步的太晚，後來我雖然勉強闖進了一城，那首詩題名「擲過去」，那會兒正是「現代派」與「藍星詩社」筆戰最爲慘烈的時期，使得許多旁觀者，正如張拓蕪所說：「眼看紀老先生雙拳難敵四手……心頭好生難過」，我就是基於這種心境，而寫了那首詩寄去的，妄想權充一名小小的打手。「擲過去」之所以能被刊用，多半也是此一因素，但是力不從心，螳臂當車，無濟於事。這是我在「現代詩」上發表的唯一的一首詩。稍後我也給紀弦先生寫了一封信，很快便接到了回復，茲節錄如下：

佑華先生：十分抱歉，「現代詩」二十四期要到七月一日才能出版，因為印刷所正在替我趕印一本「初中國文複習題解」，所以「現代詩」印刷上要慢一步，因為這本「題解」……我可以賺一點錢，來滋養「現代詩」……你不知道你的信多麼令我感動，給了我多大的鼓勵！我幾乎要流出眼淚來，讀了你的信，我早把你列入長期贈送的名單了……但我希望朋友們協助我推銷「題解」……「現代詩」的前途，可說全靠這本書，我是出了四分利向人借錢印這本書的，我的一切努力，迂迴、忍耐、計劃，無不為了「現代詩」，我不能看著它枯死，我要救活它，而你的鼓勵，益增我的勇氣。

緊緊地握手！

弟　**紀弦**　上

這封信是民國四十九年寫的，那正是「現代詩」處在內憂外患最艱苦的時期，外有筆戰的壓力，而形成了「孤立」（雖然紀弦先生視這種「孤立」為「毋寧是光榮的」，因為他看到「春天來了，播下去的種籽已經萌發，大地上是一片綠意。」）而內在經費的窘困又弄得焦頭爛額。紀弦先生比「創世紀」的拓荒者諸君年紀要大上十幾二十歲，而且那時他已有妻兒，否則他也會像張默、洛夫一樣把手錶褲子送進當舖裏去的也說不定。

「現代詩」早年困頓又輝煌的歷史，無疑將成爲近代中國文學史的一部份。這些年來看到不少人寫紀弦先生，寫「現代詩」過去的種種，好像從未見有人提到過這一段秘辛。前人種樹後人乘涼，現代詩壇所以有今天這般的蓬勃景象，不得不令人對那些從篳路藍縷以啓山林的先驅者有份崇敬之意。

我寫上面這些話，絕對沒有「我的朋友胡適之」的意思，實事上我與紀弦先生只通過二三封信，連見一次面都不曾有過。也沒有爲自已辯解什麼，只是單純的個人生活的一些回憶罷了。

中國現代詩運動，以往這二三十年間，就像一場排山倒海浩浩蕩蕩驚天動地的馬拉松長跑，越崇山過千嶺，踏蓁莽，涉死蔭的幽谷，不計其數的人，或因先天體力不濟；或因只有五分鐘熱度，見異思遷，半路改變了主意；或因意志不夠堅定，中途開了小差做了逃兵。足堪讓人欣慰的是這場大越野，薪盡火傳，一路上總不斷有新加入的生力軍，使得陣容越跑聲勢越是浩大，衝力越足。縱觀今天整個詩壇一片繁華似錦，眞是美不勝收。而那些從最先一起步在風雨中流淚播種且一直堅持到最後到今天的，才是眞正受人喝采的英雄、強者！

我和李格在一起的時候，前後大概不到兩三年功夫，我寫的那些半生不熟的東西，前面已說過，發表及未發表的合起來只六七十首的樣子。李格他一共發表了多少首，此刻已無法統計，我想可能不會超過我的，不過他那時似乎志不完全在此，不久他考取了師大英語系（畢業後，一直執教於建中至今。）臨走他把不到十首未發表的詩稿交給了我，我用一張白紙給包了起來，上面寫著「代茂的詩稿」，現在還夾在我自已那本早已破舊泛黃了的詩稿簿子裏。李格走後，未幾我因生活起了激劇的變化，也就從此「封筆」了。屈指算算，已是二十年歲月等閒過，白雲蒼狗，能不令人浩嘆。

三年前，偶然在報上看到「秋水」詩刊的出版廣告，一時心血來潮就訂了一份，連續幾期閱讀之後，發現這份刊物呈現著一股平易清新的氣息，內容淺白易懂，這不正是大家常說的所謂「明朗化」嗎？但似乎也並不排斥其他任何風格派別的作品。

最近有些資深的詩刊，不也同樣都打出了「不論什麼社、什麼派，只要是誠心誠意的追求繆斯」以及「園地絕對公開」的旗號嗎？實在是明智的作法。已經不再像早期那樣的楚河漢界、涇渭分明了。詩壇上已然充滿了一片大植物園徵候，百花競放，委實是一個可喜的現象。

事實上所謂淺白易懂，也並不意味著就水準低落，不是嗎？相反的，那些舉著什麼達達的、象徵的、抽象的幌子故弄玄虛磔譎敖牙的東西，未必就是眞正的高桿。我認爲一首詩的好壞，完全要看它詩的內在的質素而定，與表相字句的深淺應無絕對的關係。

今年十月上旬，承「秋水」詩刊主編涂靜怡小姐的邀約(并蒙應允充當嚮導)，至台北國立中央圖書館參觀「現代詩三十年展」。據展覽目錄上說，自民國三十八年至七十三年間，所出版發行參展的詩集達一千零八十種，詩刊一百一十三種，其他還有詩論、詩人書簡、照片等，堪稱琳瑯滿目。這樣龐大數量詩集、詩刊的蒐求，橫跨三十五個年頭，是一件相當不簡單的事，是現代詩公諸於普遍社會大衆的一次大手筆大創舉。中央圖書館場地設施先天條件好，策畫周詳，使得展出益加完美。

一進展覽室，由於涂小姐的帶領和解說，叫我這個從南部來的鄉巴佬很快就進入了情況。我們一面瀏覽並不時小聲的討論著，當看到那些破舊了的二十多年前的資料，不禁提到「現代詩」社當年我所聞知的一鱗半爪瑣事時，外行充內行，這下涂小姐似甚感訝異，並開玩笑的衝口對我說：「你這人好詐啊！」快人快語，卻是冤哉枉也。原來涂主編在四十三期「秋水」上曾將在下列入「新人」介紹過。說也怪我，所謂過份謙遜，就是虛僞，以往也不是謙虛，而是實話實說，你想想看，在早年做「學徒」的時候，三天不到就逃出了師門，手下沒學得半點功夫，又怎敢班門弄斧，說自已懂得詩呢？

由默默無聞的童非到無聞默默的童佑華(近來偶爾客串一兩篇小東西，已不再用童非筆名，免得自嘆不長進。)，就不得不如此這般的將前因後果從實招來。涂小姐雖很快的把

「好詐」改成了「深藏不露」，但也不對，壓根兒胸無成竹，又拿什麼來「露」嘛。

此刻，縱說不是八十歲學吹鼓手，而重拾這支禿筆，已然失去了那股衝勁，無法再找得到那種眞正放手大幹一場的雄心壯志了。是以今後寫詩對我實無益。然則，「不爲無益之事，安能悅有涯之生。」這兩句話或可作爲我這會兒心境的最佳詮釋。